_____님에게

함께해서 행복합니다.
함께라서 감사합니다.
함께는 사랑입니다.

_____드림

흩날리는 씨앗으로

류옥진 시집

시인의 말

나는 민들레 홀씨가 바람에 흔들리다
어느 곳에 움트는 것을 보았다.
질긴 생명력으로 부르는 노란 노래를 들었다.
숱한 바람의 시간, 썩혀져야 하는 땅속 인고의 시간
대지를 박차고 나오는 산고의 시간
혼재된 시간들이 노랗게 망울 터트릴 때
봄을 거느린 햇살의 손길을 맛보았으리라

나 비록 하찮은 옹알이로 세상을 외칠지라도
바람에 흩날리는 민들레 홀씨처럼
너에겐 희망의 씨앗이 되어
어느 날, 너의 가슴에서 꽃이 되고 나무가 되었으면 해

2019년 7월
류옥진

차례

005 　시인의 말

옹알이
013 　밤바다
014 　등단
016 　국화차
018 　그날 그 겨울비
019 　이별
020 　커피를 마시며
021 　동백지는 날
022 　올레길을 걸으며
024 　타이푼
025 　하얀 철쭉
026 　바람이
028 　보고 싶은 사람아
030 　귀뚜라미
032 　겨울 바다
034 　봄비

세상에 외치다
039 　시인은
040 　백지에게
042 　내 이름을 아십니까

044   우물[井]
045   이름 모를 꽃에게
046   천사
048   엄마
050   천리향
051   옷장
052   새벽 산책
054   대나무 숲에 이는 바람
055   시
056   김치 국밥
058   발가락이 꼼지락
060   술
062   바다, 때론 외롭다
063   부도옹不倒翁

나에게 말하다
067   사랑
068   겨울 달빛
070   고독
071   몹쓸 병
072   너를 보내고

074 메디슨 카운티의 다리
076 바늘
077 부부의 이름
078 뉴욕에서
079 기억
080 내편 당신
081 뚝배기 사랑
082 사느라
084 겨울이 오는 즈음
086 공존
087 언약
088 질투
089 퇴원

말하지 않아도
093 새해 아침
094 2월
095 3월
096 봄엔 연애 중
098 4월
100 가이아의 눈물

- 102 5월
- 103 6월
- 104 책갈피
- 106 새벽비
- 107 거미
- 108 9월
- 110 비와 바람
- 112 동백나무 앞에서
- 113 바람

흩날리는 씨앗으로

- 117 깸
- 118 My way
- 120 고향
- 121 늙은 가을
- 122 내 나이 오십
- 123 서러움
- 124 산소 가는 길
- 125 상사화
- 126 좋은 소식
- 128 흩날리는 씨앗으로

129 　허공虛空
130 　아이야
132 　벼랑 끝에서
134 　49祭
136 　연극이 끝난 후
138 　상처喪悽

　　　작품 해설
139 　푸른 밤으로 나 있는 오솔길을 걷는다 **정훈**

155 　후기

옹알이

내안을 떠돌던 숱한 세월이
가슴을 터져 나온다, 세상으로.
모두가 글이 되고 시가 되어도
나만의 언어, 옹알이일 뿐

밤바다

바다내음이 바람을 타고
여름밤 이야기를 풀어 놓는다

깊은 바다 속의
니모가 찾고 있는 친구를

고기잡이 떠난 서방님
기다리는 아낙의 기도를

애틋하게 마주잡은
가난한 연인들의 바램을

먼 색소폰 소리, 주름진 손
늙은 예술인의 과거를

바닷가를 뒤엎는 음악소리에
흐느적이는 내 몸의 향유를

나는 오늘도 살아
밤을, 바다를 품는다

등단

내
오랜 꿈을 만난다

삶의 고통 속에서 숨어버린 꿈
만날 수 없는 연인마냥
가슴에 멍울이 져버린 꿈

엄동설한
뿌리깊은 매화는
봄이면 다시 피나니

나도 매화이고프다
하이얀 잎사귀, 질긴 가지.

너로 하여
봄이 내게 말을 건다

너로 하여
난 시인이 된다.

눈물을 닦아 시를 짓고
감동을 키워 희망을 주는

젖내 나는 아이의 첫걸음으로
어찌 하늘을 일까

아직,
내겐 옹알이일 뿐이지만
네게만은 기쁨이고 미래였으면 해.

국화차

한세상 아름다이 피었다가
오롯이 내안으로 들어오는 기억

아직은 쌀쌀한 바람
벗어 던지지 못한 외투 끝자락에
숨은 봄이 빼꼼
고개 내밀 때

가을향으로 내게 오는 이

잠시의 멈춤으로
나를 포옹하고
오래된 기억을 추억하고

깊은 시간
코 끝을 파고 드는 너의 향기에
하얀 상념이 피어난다

노란 날개 느린 춤사위에
짙어가는 너의 몸짓

빗소리
토닥이는 창가에서
가을 향기 한 잔

오래전
어느 시인의 누님같이 생긴 꽃
환한 얼굴 찻잔 속 가을향

여름의 문턱에서
봄비를 보내며
한 잔에 담긴 가을로
일탈을 꿈꾼다

그날 그 겨울비

느닷없는 비
차마 눈이 되지 못한 빗소리

목청껏 땅을 두드리니
깊이 잠든 어느 씨앗을 깨우는가

앙상한 마른가지에
노오란 개나리 꽃잎 하나

햇볕 좋은 양지도 아닌 곳

덜렁 잠깨어 나와보니
아직은 찬바람

어찌할 길 없이
샛노랗게 견뎌본다

그날 그 겨울비는
봄비의 다른 이름이었다

이별

그대 가는 길가
피어있는 한송이 상사화
마음으로 묻고
눈물로 키운 빨간 상사화

하얀 밤
깊은 상념의 시간
낮과 밤이 갈라지는 공간의 거리에

해와 달의 인연처럼
만날 수 없는 운명의 옷을 이제,
벗어던지고

너는 내게 나는 너에게
호흡할 수 있는 자연처럼
없는 듯 있는 친구가 되자.

영혼의 노래
단잠처럼 불러주는
고운 친구가 되자

커피를 마시며

온가슴으로 내게오는 이
따스한 속삭임이
나를 전율케하는 그대

쓰디쓴 그대의 고백은
지친 내 영혼을 감싸안으며
레테의 꿈을 꾸게 한다.

언제부터인가
거부해야 하는 너를
거부할 수 없는 운명으로
속쓰린 밤을 지새워야 했다

그대
돌아 앉은 내 첫사랑같은.

동백지는 날

엄동설한 해풍에 붉은 몸짓으로
서럽게 살아내는
너는 누구냐

푸른 소매 끝에
동박새 울음 소리
샛노란 미래 속으로 파고들고

차디찬 바람에
하얗게 물든 눈송이
포근히 안아주어도

넌 끝내 붉구나

모진 시간 견디어
벌나비 만날 날 다 왔건만
가뭇없이 떠나고 마는 너는 누구냐

올레길을 걸으며

풍경화 하나가
내맘으로 들어온다

파란 캔버스에
물고기 떼가 헤엄치고
수초같은 산이 바람 따라
어깨 춤을 춘다

검은 장승들이 그리움에 지쳐
망부석이 된 그 바닷가엔
물질하는 아낙들이
물새따라 춤춘다

놀멍 쉬멍

문득,
뭍의 어느 곳에서
그 하늘이, 바다가 그리워진다

제주
그 이름의 하늘, 바다엔
아직도 그 풍경화가 걸려 있겠지.

타이푼

잊을 줄 알고
그리도 난폭하게 다녀갔니

아스콘 깔린 거리 위에
푸르게 너의 흔적으로 채우고

암수 정다운 은행나무
생떼 같은 자식들 노랗게 떨구고

무에 그리
분노케 하였기에

죽어라 달려와선
하얗게 부서지고 말았니

너 떠난 자리
흔적이 없다한들

나
울고 서 있을 것인데.

하얀 철쭉

눈물이 난다
빨강 분홍 되지 못한
너를 보면

울 엄니 상여에 핀
국화꽃을 닮은
서러운 내음

눈물이 난다
봄을 지나고
여름 속에서

슬픔이
하얗게 서린 너를 보면
내가 눈물이 난다

바람이

부끄러워 말하지 못하고
빙빙빙

내 머리카락 헝클이며
빙빙빙

내게 말을 건넨다,
알아듣지 못하는 언어로

멍한 공허만 짙어질 때

푸른 솔잎의 음성이
메마른 가지로 내게 전해준다

그리웠다는

잘 지냈느냐는

늘 잊지 않고 있다는

스쳐 지나가는
바람의 언어가 그렇게
내 속으로 들어온다

보고 싶은 사람아

눈을 감아도 너는 내 눈 속에 있고
가슴을 닫아도 너는 내 가슴에 있는 사람이어라

지친 내 영혼의 유희는
너를 향한 그리움으로
긴긴밤을 헤매이다

새벽녘이면
어스름한 산기슭에 주저앉아
짙어지는 네 영상에
아스팔트 빛 빌딩 속으로 기어들어가는
내 모습조차 승천하는 날개옷을 입는다

보고지운 나의 사람아

먼 전파음을 타고
들려오는 너의 목소리에
보고프다는 말조차 사치일 뿐인 사람아

네가 있어 내 삶이 인생이 되고

네가 있어 내 존재는 깊어지고

보고지운 내 사람아

네가 있어 나의 눈은 별을 바라보고
네가 있어 나의 입술은 사랑의 언어를 말한다

네가 있어 나의 가슴은 방망이질 하고
네가 있어 나의 손은 늘 너를 향한 그리움을 쓴다

보고지운 나의 사람아 너는 어떠하니

귀뚜라미

귓가를 스치는 목소리가
이젠 기억나지 않는다

파랗게 높은 하늘 속으로
누러언 들판 속으로
큰소리로 들어오던 너

잡힐 듯 잡힐 듯
다가가면 먼 뜀박질
징그럽게 가을을 업어 왔었지

온통,
빽빽이 들어선
도시의 흉물들에
그리워할 수 조차 없다

이제,
너의 울음소리를 잊어야 하나
노랫소리 마저 잊어야 하나

다음 계절엔
네가 업고 오는
가을 속에서 겨울을 꿈꾸고 싶다

겨울 바다

내 집 앞에 살고 있는
광안리라는 바다

하얗고 눈부신,

알아들을 수 없는 푸른 언어로
사십여 년을 한결같이 노래하는
그 바다에 겨울이 왔다

늙은 관리사의 지풀옷을 입은
나무도 춥다고
몸서리를 쳐대는 통에
그 바다가 하얗게 거품을 문다

겨울을 위한 변명
자꾸만 흔들이는 눈빛
하얗게 토해내는 한마디
쏴아아아 쏴아아아

겨울은
푸른 언어를 삼켜버리고
바다는 퍼렇게 멍이 든다

그렇게
짙은 남색의
겨울바다가 내 집 앞에 산다

봄비

찬 바람따라
빈 가지 끝에
불그스름한 기다림

화답하듯
소근 소근
내려앉는 가랑비

밤새 찌푸린 하늘
소근거림에
잠 깨어 분홍빛 벚꽃 사이로
봄을 부른다.

봄의 전령 가지 끝에 앉고
겨우내 기다린 꽃망울
붉게 물들면

봄 향한 설레는 마음
활짝 핀 노란빛으로 달래며
흐린 창가에 앉는다

온천지를 하얗게
온산을 노랗게
시린 바람에 더 붉은 동백마저

네 안에서
낙화의 재주를 넘는다
봄물이 내린다

〈독자란〉
너의 옹알이를 보여줘

세상에 외치다

나이 오십에 익힌 언어가 세상과 소통한다.
비로소 세상을 알고, 나를 알고
너에게 말할 수 있다.

시인은

시인은
낙엽 속에 핀 가을이
창가에서 흔들릴 때
색을 읽고
노란 시를 쓴다

시인은
희미한 상념에
무릎을 꿇고
참회하듯
눈물빛 시를 쓴다

시인은
태어나는
한편의 시 앞에서
옷을
벗는다

백지에게

무색옷 입고
백마디 글보다 무겁게 걸어오는

점 하나 찍어
세상을 농락하고

느낌표 하나 찍어
사랑을 훔쳐가더라도

순수의 가면을 벗어던진 언어가
장난스런 돌멩이질을 하더라도

너는 언제나
백치여서 사랑스럽다

이 밤, 또다시
검게 물든 돌들이 둘러 앉아

밤을 닮아버린 춤사위를
구석구석 세워두어도

새벽이 추춤이는 길목
나의 하얀 기도가 너를 채우리라

내 이름을 아십니까

어릴 적
엄마가 불러주고
친구가 불러주고
당신이 사랑스럽게 불러주던
내 이름을 아십니까?

내 이름이 보이지 않습니다

봄날 개나리처럼
노오란 언약에
당신의 사람이 되겠노라 손가락 걸었습니다

여름날 시원스런 바람처럼
파란 바다 위에서 하얗게 부셔지는
당신의 사람이 되었습니다

단풍잎 곱게 물든 언덕
그루터기에 앉으면
우리의 밀어 같은 아이들의 재잘거림이
풍성한 가을을 엮습니다

하얀 눈 속 겨울세상
온통 하얗게, 하얗게
그렇게 내 이름이 보이지 않습니다

어릴 적
아빠가 불러주고
언니 오빠가 불러주고
당신이 애타게 불러주던
내 이름을 아십니까?

-모든 엄마라 불리는 여인들께 바칩니다-

우물[井]

나는
동그란 하늘을 안고 사는
개구리
세상 모든 게 동그랗다

한걸음 올라 설 때 마다
하늘이 넓어진다.
두 세 걸음 어렵사리 올라선다

뻐꾸기 울음소리 걸린
구름 떼를 만져본다

눈시울에 걸리는
울 엄마 미소처럼
따사로운 햇살이
마냥 넓은 하늘에 퍼진다

걸음을 따라 넓어지는 하늘
동그란 하늘은 언제쯤
네모가 될까

이름 모를 꽃에게

수 만 가지 풀과 꽃들이
들판을 물들여 꽃밭을 만든다

그 들판에 선 너를 본다
이름 모를 꽃,

여기 저기 개나리 진달래
또 백일홍 동백꽃
모두 한 가지씩 제 이름을 가졌구나
너의 이름이 무엇이냐

이름이 없다고
네가 없는 것이더냐

너
그래도
꽃밭 속의 꽃이란다

천사

열 살 봄이의 발걸음은
여섯해 밖에 자라지 못했다

낳은 이 멀리 가버리고
키우는 이 자꾸 늙어지니
세월이 야위어간다

언덕빼기 야윈 골목길에
봄이의 햇살은 늘 음지다

동사무소 등본엔
아직도 낳은 이가 있고
밥도 바꿀 수 없는 집이 있다

여섯 해 속으로 들어간
열 살 봄이의 밥상은 늘 가볍다

언제부터인가
그 아이는 언덕 빼기를 넘어
봄이네로 오고

7일에 한번 꼭꼭
봄이의 밥상이 무거워진다

세월을 살찌우고
한 해 한 해 봄이 곁으로
햇살이 음지 위에 양지를 덧칠한다

그 아이는
햄버그를 좋아하고

버스를 타고
책가방을 메고
새벽을 깨워 학교에 간다

엄마

아직
체온이 따뜻함으로

아직
곁에서 돌아봄으로
가슴을 저미는데

만질 수도, 느낄 수도
차마 부르지 못하는

속절없이
지나가는 한뼘 화면 속
웃으며 손짓하는 그리움

소리 되지 못하는 옹알이
눈물 되어 찾아오는 이름

목 놓아 부르고픈 이름

기억조차

사라질지라도
내 육신이 눈물로 기억할 이름

이제
어디서 그 이름을 불러야 하나

천리향

끝내 싹틔운 발걸음
천리길 향기 사방에 뿜고

비집는 햇살과 바람을 맞으며
쭉쭉 뻗은 다리가 가늘다

방안 가득
나는 없고 너만 있다

옷장

아침이 열리면
옷장의 문을 연다

다소곳이 걸려 있는
수많은 옷들,

짧은 치마의 장난꾸러기
드레시한 요조숙녀

가죽잠바의 조폭 마누라
바가지 긁는 아낙네

나를 내가 아니게 하는

가면 같은 옷들이 즐비하다

오늘도
나는 누군가를 만나러
옷장의 문을 연다

새벽 산책

멀리서 걸어오는 새벽
미명의 지저귐에
무작정 신발끈을 묶는다

길게 누운 아스팔트 위를
잔걸음으로 걸으면
고요만이 내게 온다

안스러운 고목이
어둠에 지쳐 잠들어 있고
세상이 회색빛을 입고 있다

노송의 그림자는
물결 따라 호수에 잠기고
외로움은 내것이 된다

이름 모를 꽃들이
이름 모를 풀들이
나만의 이름으로 불리어 진다

한 걸음 옮길 때 노랑둥이
두 걸음 옮길 때 초록둥이
엄마 품에 숨은 듯 삐쭉 내민 꽃애기

새벽 속에서
나만의 세상이 된다
오답이 없는 나만의 세상이다

대나무 숲에 이는 바람

댓잎 푸른 언어

바다가 그리운 푸른 언어
한 번도 보지 못한,
소문으로 들었던,
그 바다가 몹시 그리운 댓잎

온 세상이 놀이터인 바람에게
바다 언어를 가르쳐달라고

그래서 언젠간
나도 바다로 가고 싶다고

바람이 전하는
거칠고 험한 바다언어

그래서
푸른 댓잎이
온몸으로 배우는 바다의 언어
우우우 웅

시

누구나
마음에 시 하나쯤은
품고 산다

나 보다
먼저 글로
시를 쓴 사람

피가 멎어버린 듯
칼날이 찌를 듯
구름을 탄 듯

무임으로
마음을 담는다

처음부터
내 것인 양

김치 국밥

겨울 문 앞에서
온가족 열손이 모여
수육 삶아 먹으면서 담은
김장김치 하나면 족하다

감기엔
판콜에이 한 병보다
쏭쏭 썰고 콩나물 한 줌 넣어 끓인
김치 국밥 한 그릇이면 족하다

일 년 네 번
앓아 눕는 막둥이
마당에 묻은 김칫독을 열어
빨갛게 끓인 엄마의 사랑

단칸방 아랫목
무거운 솜이불 속에
땀내 나도록 눕기 전에
후후 불며 먹던 감기약

지금은
얻어온 김장김치
쏭쏭 썰어 국밥 한 그릇 끓여 먹고
전기장판 깔고 누우면

가라는 감기는 안가고
눈물만 온다

발가락이 꼼지락

갑작스럽고 황망한
병마와 마주한 그날

척수염이라는 놈의 등에 업혀
배꼽 밑의 두 다리를 내어주었던 시간

눈물은
더 이상 간절한 기도가 아니었다

하얗게
힘이 빠질 때
발가락이 꼼지락

하늘이 열리는
꼼지락

꼼지락 따라
가늘게 이어오는
용기 고놈,

가늘게 이어 따라오는
의지 고놈,

꼼지락이 탄생시킨
인내와 끈기의 시간

그리하여
땀속에 걸음마를 배우고
땀속에 근육들을 키우고
두 번째 육신을 받는다

발가락이 꼼지락
내 희망이 꼼지락

술

비처럼
네가 내리는 날이면
두 손 모은다
우산 없는 날처럼

입술에 새겨진
첫키스의 달달한 기억 한 잔

예고 없는 이별
씁쓸한 그리움 한 잔

삶에 억눌린 가슴
또 답답한 짓궂음 한 잔

바람에 지는 꽃잎
손댈 수 없는 법칙에 또 한 잔

셀 수 없고
알 수 없는 막막함으로
어느새 비어가는 인생

핑계다
마시는 건
그냥 마시는 것일 뿐.

이윽고
아득한 환상과 몽상
온몸을 파고드는 무력감

나도 없고
너도 없고
시간도 없어지는 순간,
기억마저 사라진다

이것이
세상 모두가
널 찾는 이유인 게야.

바다, 때론 외롭다

바다는
쏟아지는 햇살을 반짝이게 하고
거센 바람을 하얗게 웃게 하고
지친 날개를 둥둥둥 쉬게 하고

바다는
봄, 연인들의 사랑을 피우게 하고
여름, 가족의 행복을 깨우게 하고
가을, 남자의 생각을 잠재우게 하고
겨울, 떠난이의 그리움을 지우게 하고

바다는
울고 온 이에게 넓은 가슴으로
웃고 온 이에게 깊은 숨결로
숱한 안식처가 되어주고
찬사 속에 바쁜 하루를 보낼지라도

바다, 때론 외롭다

부도옹 不倒翁

각도 없으면서 서지도 못하면서 둥근 몸짓으로 하루를 먹는다
잦지 않는 바람에 눕고 눕는 무게로 다시 일어난다 반복은
일상일 뿐

넘어짐이 일어남을 찬양하지 않고 그저 견딤으로 서 있을
수 있을까

갇혀버린 사유를 깨부수는 일탈을 꿈꾸라
고통의 바람 속에서 태양처럼 서라
당당히 서 있어라

가운데 너를 두어 결코 눕지 않게 하라

〈독자란〉
맘껏 외쳐보렴, 가슴이 후련해지도록

나에게 말하다

한 길만 있는 것이 아니었다.
가고 싶은 길만 갈 수 있는 것도 아니었다.
알 수 없는 길을 아는 속도로 달려온
나에게 찬사를 보낸다.

사랑

세월의 페달을 밟으며
시간의 무게만큼
비우는,

말할 수 없는
고요
이룰 수 없는,

죽은 듯 널부러진,
심연의 모래알처럼
내 앞에서 발광하는,

입가에 맴돌다 사라지는 애절함
너는 네게 폭풍이었다

긴 세월 잊지 못한
소리 없는 고백,

어느 세월에
다시 불어 닥칠까

겨울 달빛

긴 세월에 묻어둔 그리움이
잘 못 건드린 지니의 램프마냥

하얀 안개 속을
파고들며 내게로 온다

손가락이 그를 기억하고
눈동자가 그를 그리워하고

가슴이
그를 보고파한다

그리움을 그리움이라
보고픔을 보고픔이라
말하지 못해

쓰라리게
하얀 달빛을 부여잡는다

겨울밤 짙어지는 어둠속

스며드는 달의 목소리에

가슴 한구석을 뚫어 버리는
한줄기 아픔이 고개를 든다

어둠속에서
흩날리는 달빛마냥

지워버려야 하는 내 그리움

고독

언제부턴가 어둠이 싫다
캄캄한 방 한구석을
스물스물 기어오르는 외로움이
오래된 친구인양
곁을 내놓는다

아찔한 현기증에
쓰러진 내 어깨를 토닥이며
말없이
곁을 내놓는다

이제
너를 견디는 힘을 기르고
너를 이기는 습관을 가지고
너를 사랑하는 꿈을 그려야지

몹쓸 병

세월 속에 지워진 줄 알았던
아득한 과거의 한 이야기라 여겼거늘

가슴을 헤집는
그리움이 사랑이라 말하고

잡힐 듯 다가오는
보고픔이 사랑이라 말하는

그래서 아직도
햇 사랑 마냥 여린

아찔한 현깃증
내게 온 몹쓸 병

끝을 모르는 그리움이
우울의 시간을 부른다

이 몹쓸 병으로 하여
나의 하루는 길고 지쳐간다

너를 보내고

돌아서면
마음 가득 묻어나는 그리움

너 없는 하늘 바라보면
낮달로 새겨지는 너의 얼굴
추억은 한숨 되고
쓰라린 내 사랑

내
너를 품고 사는 것이
이토록 가슴 벅찰 줄이야!
너를 가슴에 품고 사는 것이

너를 가슴에 품고 사는 것이
이토록 기쁠 줄이야
이토록 행복할 줄이야

오늘 하루를 살아도
널 보내지 않을 수 있다면

너를
나의 무덤가에
세워 두지 않을 수 있으련만

메디슨 카운티의 다리

긴 시간 꿈을 꾼 듯
아득한 기억들을 뒤로 하고
난,
일상으로 돌아온다

그 밤,
나를 병들게 하고
일상을 지치게 한다

잔잔한 두통으로
한낮을 잠으로 채우고

온 종일 흐르는
같은 곡만이 되풀이 된다

일탈이라고 부르기엔
생생한 그리움

먼 훗날
땅속으로만 젖어들 진한 그리움

오늘은
일탈 속으로 밀어 둔다.
일상을 살아야 하기에

　독백: 남들이 모르는 비밀 하나쯤은 가슴에 묻고 살아도 되겠지. 먼 추억에 가끔은 누군가 적셔올지라도, 혼자만의 그리움
　그 그리움은 어느 날 나와 함께 땅속에서
　새로운 사랑으로 꽃피우리라 믿으며
　누구도 모르는 비밀 하나 늘 가슴에 묻어 본다

바늘

얼마를 갈고 갈아야 하나
뾰쪽한 끝자락에 맺힌
붉은 방울

너의 실타래를
만나기 위한
아린 아픔

얼마를 지나고 지나야 하나
그리움의 끝자락에 걸린
눈물 방울

잊을 수 없는 너를
지우기 위한
뾰쪽해진
누더기 사랑을
바느질 한다

부부의 이름

서로 다른 자리에 섰을지라도
마주 잡은 손에 굳은 맹세를 새겼고

양파처럼 벗겨지는 세월 사이에서
삶을 부여잡은 손에 믿음을 새겼고

식성처럼 닮아지는 모습 사이에서
주름으로 새겨지는 정을 마주한다

넓은 바다 잔파도는 햇살에 반짝이듯
긴세월 숱한 다툼은 도란도란 추억이 되고

돌아누워도 마지막 순간까지
거울이 되고 위안이 되어줄 그런 사람

가지지도 배우지도 못했을 지라도
백년해로 꿈꾸며 등을 마주기댈 사람

그런 사람이 곁에 있습니다
남편, 그리고 아내라는 이름으로

뉴욕에서

바람결 눈뜨면 어둠이 밤을 이고 내 곁에 섰다

온종일 내 말벗이 되어준 햇살이
지금은 지구 반대편 한국 땅에 내려
나의 하루를 말해주겠지

잠 못 드는 밤
가슴 깊은 곳을 찾아
와인잔에 흐르는 음악처럼 감미롭게 오는 이

한 자 한 자 그리움을 저 별에 묶어두고
지구 반대편으로 밤이 스며들 때

혹여, 그대

구름 사이 비집고 내리는 달빛이
그대 어깨 위에 내리면 나인가 여기세요

어둠 사이로 반짝이는 별빛
창가에 내리면 나인가 여기세요

기억

은빛 햇살 걸치고 바람의 음악소리에 맞춰
하얗게 춤추는 바다

시선이 교차하는 지점에 갈매기 날개짓이 서투르다
나를 닮았다

갈매기 울음소리 따라 졸고 있는 해송이 눈뜨고
철지난 바닷가 아직도 해변을 지키고선 낯선 파라솔

아직도 여름의 노래를 잊지 못한 바다는
쏴쏴쏴 쏴아 목 놓아 부른다

잊지 못한 나의 눈동자도
곁에서 동조의 눈시울을 붉힌다

내편 당신

R파장의 변주곡이 가슴을 쓸어내린다
세상 모든 것 처음도 끝도 핏줄도 새로 돋는다 체온마저
73도이다 영혼도 없이 십자가에 못 박힌 첫키스에 나침반이
고장나버렸다 내 깊숙한 폐부를 돌다 코끝에서 멈춰버린
스물, 붉은 열정이었다

비와 바람이 한소리를 낸다
서른, 우리 기대어 푸르렀다

여문 햇살에 익어가는 나락이 눈맞춤을 한다
일렁이는 파도를 바다는 탓하지 않고
회색빛 구름을 하늘은 탓하지 않는다
마흔, 노란 평안이었다

하늘이 하늘로 땅이 땅으로
돌아가는 염주알보다 더 간절한 기도가
쉰 살, 내편 당신임을

뚝배기 사랑

언덕빼기 시장통
마디마른 손으로 다듬은 봄나물 천원어치
된장에 조물조물 찌개 하나 만들어
식지 않도록 뚝배기에 담아
밥상 위에 올려놓으면
만 가지 반찬보다 맛나게

그이랑
된장찌개 맛으로
백 년을 살것다

사느라

사느라
생강나무꽃이 피는지를
진달래꽃 순번 기다리는지를
산벚꽃 피고 지는지를 몰랐네

사느라
햇살 담긴 개울가
노닐던 오리가 날아가는
하늘 한번 쳐다보지 못했네

사느라
새벽이 걸어오는 길 위에서
실크 안개 춤추는 것을
나이 오십 넘어 보았네

두런두런
바위들과 정겨운 개여울
비친 제 모습에
외로움 모르는 소나무

풀섶 누이고
노랗게 고개 내민 봄
어둠을 깨우고
붉게 산정에 걸린 해

죽어버린 나무 위에
귀하게 싹트는 연두
먼 산어귀를 따라
품어버린 연정

이제는
큰 눈 큰 가슴으로
사는 것 같이
살아봐야겠네

겨울이 오는 즈음

가을이 멀어져 가는 길목
글썽이는 마음으로 커피내음이 들어오면
누구 하나 아는 이 없는 외로움이 나를 적신다

노란 빨간 온갖 가을이
눈부시지 않는 창가에 앉아
못내 아쉬운 발걸음을 멈추며
시와 함께 곁에 머문다

나를 아는 삶
내가 아는 삶, 숱한 삶이 영글고
건널목에 선 사랑
잿빛 마름으로 얼룩진 사랑, 숱한 사랑이 머물다
겨울 속으로 가버린다

누구나의 그리움을 알알이 박고
숱한 외로움을 얼려 시를 만들면
나의 그것도 함께 얹혀 익어가겠지

나 항상

겨울이 오는 즈음엔
익힌 시의 내음을 맡으리라

공존

그 겨울
바다 스케치북에
바람의 붓을 들고
태양이 그림을 그리고 있다

때론 하얀 거품으로
때론 먼 반짝거림으로

어느새
넋을 잃고 화폭에 잠긴다

날지 않는 갈매기
가볍게 물 위를 둥둥거리고
춤추는 비둘기
뒤뚱이며 백사장을 총총거린다

태양이 그리다만 그림 속에서
오늘도 갈매기와 비둘기는
공존하고 있다

언약

한줄기 바람이 스치며
속삭이는 말이 아닙니다

색동옷 갈아입은 낙엽들의
현란한 말이 아닙니다

반짝이는 파도를 따라
찰랑이는 말이 아닙니다

파도를 낙엽을 바람을
키우는 태양의 말이 아닙니다

오직,
하나뿐인 당신을 위한
내 인생이 걸린 말입니다

육신을 떠나 혼이 되어도
늘 곁에서 사랑하며 살겠노라
내 인생의 맹세입니다

질투

오지 않을 이를 기다리며
아포카토를 시켰다

나는 혼자일지라도
커피잔에선 둘이라 다행이다

탁자 위 노닐던 햇살이
어느새 저만큼 가버렸다

바다어귀 쓸쓸한 여름의 뒷모습,
내 마음으로 가을이 들어온다

한 숟가락 위에서
커피와 아이스크림이
사랑을 나눈다

너희를 먹어버리겠어

알 수 없는 이 맛
겨울을 기다리게 한다

퇴원

내 뺨을 스치고 내리는
알 수없는 빗물은 뜨겁기만 하다
눈물이라 말하지 않으련다

내 과거에 대한 연민이요
내 미래에 대한 감사인 걸
하루를 여는 아침이 소중해진다

〈독자란〉
그 길의 너는 어떠했니?

말하지 않아도

눈빛만 보아도
손짓만 보아도
이제는 느낄 수 있다.
세월이 가르쳐주었으니

새해 아침

어스름 새벽녘
정갈히 모은 숱한 손 위로
어제와 다르지 않는 태양 솟고
아침이 밝아온다

어제와 다르지 않는 태양,
어제와 다르지 않는 나,

시간이
숫자놀이를 한다
금을 긋고
새로운 날을 짓는다

그 속
해는 솟아오르고
시간의 사슬에 묶인 채
나는 새해 새날에 물든다

2월

억수같이 내리는 비
겨울비인가 봄비인가

그 사이로 화안 얼굴
그대였구려! 매화

온다 간다 말없이
사라진 겨울의 상흔으로
그대의 하얀 가슴에
봄이 피었구려

그대만큼이나 그리운
지나간 옛사랑
추억의 잔에 이 비를 담고
봄이 오는 그 순간까지 마름하리라
한 방울도 남지 않도록

3월

메마른 가지에서 눈이 부신다

가지 끝에 앉아 졸던 바람
꽃잎 따라 떨어진다

하얀 춤을 추며
분홍바닥으로 사뿐히

주렁주렁
벚들의 하얀 노래 소리에
온 동네가 넘쳐나고
노란 유채꽃 덩달아 부스스

꽃잔치 통에
배웅도 하지 못했는데
이미 와 버린 4월이
세상 만물을 깨워
봄을 채색하고 있다

봄엔 연애 중

살며시 내 곁에 앉아
어깨를 감싸며
가슴을 두근거리게 하네요

갓 튀긴 강냉이 같은
하얀 풍성함으로
내 방 창가에서

잽싸게 달리는
차장 밖 길가에서
연애하자고 하네요

하얀 빛으로 다가와
그 겨울의 눈처럼
흩날리며 연애하자네요

나폴거리는 꽃잎을 안으면
사랑이 이뤄진다니
얼떨결에 한손 가득

들킬까 딴청 부리며
조심스레 연애하자고
두 팔 벌려보네요

하얗게 시작한 연애
분홍으로 주저앉아
봄빛 연애로 거리를 물들이네요

4월

새싹이
기적같이 땅을 박차고
생명력을 뿜어낼 때

4월은
빨강 노랑 분홍빛으로
나의 시선을 물들인다

개나리빛 나비
꽃인 듯 나비인 듯
봄속으로 날아들고

바람은
꽃대를 흔들며
차가운 시간을 사냥한다

봄인 듯 봄 아닌
4월의 어느 날
얇은 코트깃을 세우며

못내 아쉬운
하얀 바람 사이로
겨울연가는 흐른다

마른 가지 새잎들이
햇살을 받아쓰기 할 때
4월은 푸르고 청아롭다

가이아의 눈물

여름을 잉태한 더위가
햇살 위에서 미소지을 때

태초의 말씀으로 잉태된
땅이 앓아 눕는다

성난 바다가
어족들을 토해내고

하늘 구름은
기형비 되어 내리고

갈라진 녹색의 땅 위에
기아의 싹들이 꿈틀댄다

거대한 몸짓들로
유린하던 사우르스들이 사라진 곳

영특한 영장들이
슬기롭게 살아가던 곳

탐욕의 뿌리가 내려지며
온 구석을 파고드는 암덩이들

이천년의 세월 속에서
품었던 애정의 끈이 낡을대로 낡아버린

가이아의 숨결이
저린 발끝으로 몰려들며

수술대 위에서 사망한
어느 환자의 마지막 기도를 기억하게 한다

다음생엔
적당한 나눔으로 같은 곳에서
함께 살아가게 하소서

출렁이는 햇살 위에서 미소는
가이아의 눈물에 젖는다

5월

푸른물 뚝뚝
여름의 모서리
어느새 달아나는 봄

세월이 추억으로 토악질되고
아련한 그리움이
카네이션 위로 쏟아진다

하얀니 고운미소
잎새 끝 햇살에 스치는
보고픈 얼굴

문고리 잡은 여름 앞
졸고 있는 동백은
뿌리째 눈물이다

뒷동산 초록으로 물들고
5월을 따라 하늘빛 높아지면
하얀 쑥부쟁이 전설로 피겠지

6월

서편 황혼녘
보리가 익어갈 즈음
내 슬픈 기억도 익어간다

깊은 뿌리 잘려나간 시간들
육십구년 전도 그랬고
삼년 전도 그랬고

알지 못하는 핏줄의 뿌리에서
키워준 그 뿌리까지

가지 끝에서 흔들리는 바람만
애꿎게 탓할 뿐

기억하고 싶지 않은
해마다 보리 익는 시절
누렇게 숙인 보리 위에 햇살이 서럽다

책갈피

책장 한 켠, 오래된 책갈피에서
갈색 단풍잎을 찾았다.
오래전부터 나의 손길을 기다린 듯,
나풀거리며 내 품안에 들어오는

내소식이 궁금했던지
자꾸자꾸 내게 다가온다

아직도 예전의 빨간 손가락이 그대로란다
손대면 바스러질듯 앙상하기만 한데…

아직도 나를 기억한다고 한다
지금은 변해버린 나인데…

떨리는 손 내밀어 가만히 잡아본다
그 옛날의 모습이 아닐지라도
내겐 소중한 추억이었으니…

너로하여
내 오랜 시간들이 찰라가 되고

너로 인하여
내 오랜 기억들이 추억이 된다

그리하여
난, 또 새로운 단풍잎 하나를 주워
책갈피에 끼운다

새벽비

조용한 새벽 위로
음악들이 쏟아진다

분홍 철쭉이
온몸으로 흐느낀다

대지를 뒤덮는 너는
뜬눈으로 지새운
눈물보다 더한 고통

꽃들이 인내하며
연모하는 것은
태양의 눈부심

어둠이 가시지 않은 시간
너의 노랫가락 소리에도
태양은 솟는다

거미

회색태양이 땅을 박차고 오르면
은밀한 샘으로부터 내리는 삶의 타래

허공을 가르고 얽어매어
바람을 가둔다

일상의 하루는 그렇게 시작되고
반복되는 타래 속 말라 버린 사체

초록물만 마시고 살아
오랜 초록이 노랑일 줄이야

처진 여덟의 각脚에
슬그머니 돌아서는 배고픔

공복의 채움을 기다리는 生
부서져 먼지 되길 기다리는 死

타래 속에선 우리의 닮은꼴들이
시간을 불러 세우고 있다

9월

가슴 뛰게 하는
두 팔 가득 안고픈 호흡,

사뿐 사뿐 걸음소리
거짓말 같이 여름은 삭아지고

멀어진 하늘에
몽글 몽글
포도송이 영글어 간다

비어가는 바닷가
오래된 부부의 맞잡은 손 아래
단풍이 익어갈 때

젊지 않은 아낙의 손끝에서
노랗고 파란 너
빨간 고추 위에 눕고

찬[滿] 달이 보랏빛 민낯으로
바람의 장단에 맞춰 노래한다

더하지도 빼지도 말고
꼭 너만 오너라

그리하여

가을이게
9월이게 하여라

비와 바람

문득,

어느 울음 소리에 잠깨고

대성통곡 울음소리
뉘의 것인지 귀기울이니

밤새 울어
목이 쉰 바람이더라

간밤 이별을
온통 울음으로 지샌 탓에

내 창에 기대어
꺼이꺼이

안스러움에
토닥여 볼라치면

어느새

저만치서 커진 터져나오는 오열

울지마라

그깟 이별에
내줄 울음이었다면
세상이 울음바다가 되었을 것을

동백나무 앞에서

땅속 깊은 곳
가을이 있고, 겨울이 있고
동백꽃 핀다

뿌리는 어머니다

누런 대지 위에
길 잃은 나그네 한숨소리
그리움이 핀다

바람 따라
동백이 진다
어머니 머리칼 같은,

바람

어디에도 없고
어디에도 있는

내 귓가를 스치며
머리카락에 닿는 너에게
온 열정으로 휘몰아치는 너에게

나는 아무것도 내놓지 못한다
처음부터 내 것이 없었기에.

〈독자란〉
세월이 네게만 가르쳐준 것은?

흩날리는 씨앗으로

우리는 같은 길을 걷고 있다.
너는 하늘을 꿈꾸고
나는 그 하늘을 날고 싶고
손 내밀어 봐
흩날리는 씨앗으로 네 안에 나 있을 테니

깸

죽음을 연습한다
매일 깊은 잠으로

뜬눈으로 지새운다
삶에 대한 애착으로

어둠속에 깨어난다
알 수 없는 연민으로

숱하게 질문한다
풀고 싶은 비밀을

시작과 끝이 없다
죽음은 곧 생이므로

My way

비단 금침, 사뿐히 눕고 싶은 그런 길이 있을까
급하게 굽은 길이 시간비례곡선을 그릴지라도
가다가 돌아오면 그만일 게다

외길이라 자랑마라

끊어지지 않는 발걸음 닿은 숱한 곳에 거미줄 마냥
길이 맺히고 뚫려 여러 하늘을 인다

고단한 길 위, 무념으로 앉아 깊이 패인 발자국들을 헤아려
내 것이었다 말해본다

잠을 잊은 발자국이 가로 지르고
배고픔을 잊은 발자국이 위로 나고
욕망을 잘라낸 발자국이 사선으로 나고

길 위에 새겨진 눈물의 발자국은 분명 돌아오는 길이었을
게다

끝날 때까지 끝난 게 아니다,

아직도 딛지 않은 숱한 시간을 발 아래
놓아두며 내 것일 것이라 말한다

연기처럼 사라질 길일지라도
지금은 내 것이라 말한다

고향

회색빛 옥죄여도
너는 여전한 녹색이다

엉겁결 떠나와
사십여 년 붉게 살다가
마른 눈으로 너를 본다

얇은 땅의 살결을 뚫고
당당히 피어나는 보리의 기상을

한 바가지로 퍼붓는 장맛비를 뚫고
여리게 피는 맨드라미의 싱싱함을

황금들녘 참새들의 날갯짓에
눈물겨운 파수꾼의 짝사랑을

정겹게 등 두드려줄 이 없어도
함께 울어 줄 이 없어도
너는 여전한
녹색의 노란 엄마 품이다

늙은 가을

담장 어귀
뒹구는 낙엽을 따라
살포시 내려 앉는다

오랜 세월
숙련된 마술 지팡이
이리로 저리로

높은 산정 울긋불긋
은해사 노란 은행잎
불국사 붉은 단풍잎
울 집 앞 붉그락한 가로수

아뿔싸,
미처 물들기 전
고사해버린 잎사귀

너도
나처럼
나이를 먹는 게야

내 나이 오십

아직도
바닷물이 왜 파란지,
깊은 물결의 잔잔함 위에
하얗게 새기는 파도의 글자가
무엇을 말하는지 모른다

아직도
구름이 왜 저리 가벼운지
그곁에 지키고 선 바람의 언어가
태양의 빛이 누구를 위한 것인지
나는 모른다

이십 년쯤 살고 난 후
내 나이 칠십엔 알 수 있을까

서러움

나이가 들어 서러운 게 아니라
나이 들면 뭘 해도 처량해 보이는 게 서럽다

꽃이 진다고 울 수만 없다
새잎이 나니까

새잎이 난다고 웃을 수만 없다
꽃이 지니까

꽃과 새잎은 다음해이면 연초록 봄인데
어이 나는 늙어만 가는가

산소 가는 길

임 떠난지
어언 이십 년

아직도
하얀 안개가 서린 길

잘 지내느냐
토닥여 줄만도 한데

냉정히 돌아앉은
푸른 봉분은 하얗게 흔들린다

이젠 제법
맑은 눈으로 볼만도 한데

상사화

비단실 걸어 놓고
임 소식 기다리다 붉어졌나

지친 그리움에
내 눈시울마저 붉어진다

이때 쯤이면
널 찾아 나서시던

울 어머니

오시는 길 잊으셨나
상사화만 지천으로 붉을 뿐

좋은 소식

강남 갔던 제비가
물고 온 흥부네 박씨처럼
띵똥, 휴대폰이 물고 온 좋은 소식

반백의 시간 숙성되어
싹 틔워진 내 꿈이
몽골 몽골 봉우리로
내게 온다는 좋은 소식

터질 것 같은 기쁨
콩닥거리는 가슴
구름보다 가볍게 올라
갈매기 눈맞춤이
끼룩끼룩 축하의 날개짓을 한다

전화기를 든다

장하다 내 딸
아부지의 목소리가 기억나지 않고

역시 내 딸이다
뜨겁게 안아줄 엄마품도 기억나지 않는다

오직, 내게 찾아온 좋은 소식이
나를 위해 기도하던
두 분만을 기억할 뿐

널부러진 소식을 본다

그래도 내겐 또 다른 기도가 있어
견뎌낼 힘이 된다
저 봉우리를 꽃 피울 수 있는 능력을 달라고

흩날리는 씨앗으로

구름이
그 모양을 바꾸는 것은
눈에 보이지 않는 바람 때문이고,

오늘 키작은 나팔꽃이
내일이면 담장을 넘는 것은
손에 잡히지 않는 햇살 때문이다

비록
보이지 않을지라도
잡히지 않을지라도

흩날리는 씨앗으로

지천地天을 떠돌다
불시에 내려

가슴을
꽃 피우는
그런 사람이고 싶다

허공 虛空

오래전 떠났던 아비
늙은 가방을 메고 돌아와
헐거운 우편함을 고친다

다신 올 일이 없을꺼라던
매정한 몸짓마저
누더기를 입었다

돌아누운 기다림
하얀 손에 잡힌 하얀 손
거칠게 뿌리치던 수레바퀴

아비 돌아온 날
고향집 마루에
향불이 피어난다

아이야

비가 오면 온몸으로 비를 맞으렴
가장 낮은 곳에서 하늘을 안으려는 몸부림,
골골이 산을 지나 강으로
거슬러 오르는 숭어들을 뒤로 하고
소금기를 털어내는 고통을 견디고
그렇게 하늘에 올라
꽃피지 않는 들풀의 푸르름 위로 내리는

아이야
바람이 불면 온몸으로 바람을 맞으렴
보이지 않고 잡히지 않는 곳에서의 존재함,
내 온몸에 파고드는 태곳적 내음
펄럭이는 깃발에 닿는 그 힘
밀어대는 파도의 하얀 윤슬 위
그렇게 세상을 떠돌다
어느 골목 어귀를 서성이는

아이야
따가운 햇살 속에서 흰 속살을 태우렴
언 땅 깊은 속으로 끝내 젖어드는 간절함,

미동 조차 없는 고집스러움
썩어지는 육신 속의 생명력
마침내 거꾸로 올라
줄기의 거친 문을 박차고
고목을 꽃피우는

아이야
네가 세상에 나오는 그 순간조차도 열 달의 기다림, 산고의 고통이 있었음을 부디 잊지 말아라

벼랑 끝에서

작은 나폴거림
끝없는 낭떠러지
낙엽이 춤추며 가는 길

돌멩이는 떨어져 부셔지고
뿌리째 뽑힌 나무는 떨어져 조각나고

생명 있는 것들은 떨어져 없어지고
이룬 것들은 떨어져 사라지고

벼랑 끝에서
낙엽처럼 가벼워야 산다.
낙하하지 않고 날 수 없다

젖줄 끊듯
과거를 도려내고
현재를 가벼이 채우고

뛰어

떨어지는 것은
새로운 세상으로 들어가는 것이다

49祭

멈추지 못한 통곡의 눈물이
천상세계 복사꽃 피우고

삼악도 사라지는 날

윤회의 고리 끊어
좋은 세상 구경하시라

가지런히 손 모으는 날

구름이 바람 따라
처마 끝에 노닐던 곳에서
49개의 해가 떴다

하루도 거르지 않고
새벽 산사를 오가는 발걸음에
여름마저 앓아 눕는다

목탁소리 고요한 어둠을 깨우고
떠날 채비로 바쁜 이

발길을 잡아

자꾸만 자꾸만
눈물짓게 한다

임 가시던 날

활활 불기둥
훨훨 날개짓
과거도 없고 현재도 없이

한줌 재 되어 흩날리던 날

볼 수도
부를 수도 없는
가슴에 묻어야 할

그리움

연극이 끝난 후

나의 배역은
대사 한마디 없는
지나가는 행인 1

어슬픈 동작
단 2초의 장면을 위한
쏟아지는 수십의 열정

시선은 땅으로
허리는 굽히고
걸음은 느리게

온갖 주문들이 내게
나 아닌 극 속의 내게
쏟아진다

갈채 속의 커튼콜
연극이 끝나고
행인의 연극도 끝나고

어느 누구도
나를 알아보는 이 없다

비록
아무도 알아주지 않는
단역일지라도

난 행복하다

상처 喪悽

2016. 7. 20.

문설주에 기대어
바람소리 듣고 있노라면

눈가를 어루만지는 아픔
맺히는 눈물

남겨진 자의 몫

작품 해설

푸른 밤으로 나 있는 오솔길을 걷는다
―류옥진 시의 의미

정훈(문학평론가)

　류옥진의 시를 읽으면서 만나는 것들은 우리에게 익숙한 대상들이다. 이를 뭉뚱그려 하나의 단어로 수렴한다면 아마도 '삶'이 되겠지만, 그렇다고 삶의 요소들마다 끼어있는 어떤 '잉여의 영역'에 무심하지도 않다. 다시 말해 삶을 노래하면서도 비단 삶에 국한하지 않는 시적 세계를 품고 있다는 말이다. 잉여와 무채색의 세계로서의 시인이 닿고자 하는 공간은 이미지와 상징적인 언어로 나타난다. 이는 구체화되지 않고 간접적으로 제시된다. 소망, 기다림, 그리움, 추억 등의 소재들이 나타나는 시들이 간접화된 방식의 시적 욕망으로 제시된 것들이다. 이러한 정서와 감성이 어우러져서 류옥진만의 독특한 시 세계를 구축하게 되는데, 동경이나 이상으로서 형상화된 언어들의 정원에 그의 시가 놓여 있다. 삶에서 풍경이 나 이상(소망)이 끼어들면 삶의 의미는 좀 더 긍정적이고 낙관적인 포즈를 향한다. 왜냐하면 그것은 언제라도 성취해야할 미래이고, 비록 성취하지 못하고 바람으로만 남아있다고 하더라도 이 현실을 견디게 하는 의지와 힘이기 때문이다. 따라서 어떻게 보면 '시 쓰기'가 가져다주는 에너지를 생각하지 않을 수 없다. 시는 여하한의 삶의 단면들을 날것으로 내보이는 아픔이자 부끄러움인 동시에 저 시퍼런 창공으로 모든 실존을 들어올려 보내는 마법의 장치이기에 그렇다. 그리고 이는 끝간 데 없는 상상의 작용에서 더욱더 힘을 얻는다. 류옥진의 시는 그러한 시적 기능의 최대치를 향해 발돋움하려는 포즈를 보인다.

> 구름이
> 그 모양을 바꾸는 것은
> 눈에 보이지 않는 바람 때문이고,
>
> 오늘 키 작은 나팔꽃이
> 내일이면 담장을 넘는 것은
> 손에 잡히지 않는 햇살 때문이다
>
> 비록
> 보이지 않을지라도,
> 잡히지 않을지라도,
>
> 흩날리는 씨앗으로

지천地天을 떠돌다
불시에 내려

가슴을
꽃 피우는
그런 사람이고 싶다
—「흩날리는 씨앗으로」 전문

「흩날리는 씨앗으로」에 흐르는 이미지는 눈에 보이는 현상 이면에 단단히 자리 잡고 있는 불변의 원칙이 변형되어 나타난다. 그것은 구름이고 키 작은 나팔꽃이고, 이밖에 모든 세계의 현상이 발현하는 것들이다. 제각각 자신만의 운신으로 존재의 아름다움의 한 요소가 되듯 시인은 "흩날리는 씨앗"이 되어 "가슴을/ 꽃 피우는/ 그런 사람이고 싶"어 한다. 무형의 세계에는 물질적 세계의 시각에서 바라보면 아무 존재가 없거나 그것 자체로 의미가 삭제된 시공간이다. 기껏해야 짐작만 할 수 있을 뿐이다. 시인이 바람과 햇살을 들고 와서 자신의 존재에 의미를 부여할 때, 이 의미는 눈에 드러나는 의지와 소망으로 나타난다. 현실 공간에 숨어있는 비정형적인 것으로서 이러한 의지와 소망은 시가 원래 지니고 있는 가치가 변형된 것이다. 시가 시인으로 하여금 꿈을 꾸게 하는 사실은 낭만주의의 야심찬 모토의 하나이기도 하다. 낭만주의에서 핵심이 영감과 상상을 통한 작품의 비전을 보여주는 것이라 할 때, 시인의 상상에 들어앉아 있는 이상적 세계에 대한 형상화는 현실세계의 불완전하고 위태로운 중력에서 벗어나려는 생각이 채색되어 있다. 물론 류옥진의 시편이 그렇다기보다는, 상상과 열정의 요소가 시를 이상향에 대한 언어적 메시지와 메타포로 만드는 것이다. 조금 형이상학적이거나 사변적인 빛깔을 띨 우려가 큰 것이 사실이지만 류옥진의 시가 그런 낭만적 시에 관한 '잠재된 시론'의 요소를 품고 있는 것만은 사실처럼 보인다. 이는 시와 실존적 개인으로서 시인 자신에 대한 관계에서 오랫동안 고민하고 성찰해온데서 비롯한 자의식의 일종이다. 뒤집어서 말해 시인으로서의 정체성에 입각해서 세계를 인식하려는 태도에서 말미암은 고뇌의 산물이 이번 시집에 실린 시편들인 셈이다.

    가을이 멀어져 가는 길목
    글썽이는 마음으로 커피내음이 들어오면
    누구 하나 아는 이 없는 외로움이 나를 적신다

    노란 빨간 온갖 가을이
    눈부시지 않는 창가에 앉아
    못내 아쉬운 발걸음을 멈추며
    시와 함께 곁에 머문다

    나를 아는 삶
    내가 아는 삶, 숱한 삶이 영글고
    건널목에 선 사랑
    잿빛 마름으로 얼룩진 사랑, 숱한 사랑이 머물다
    겨울 속으로 가버린다

    누구나의 그리움을 알알이 박고
    숱한 외로움을 얼려 시를 만들면
    나의 그것도 함께 얹혀 익어가겠지

나 항상
겨울이 오는 즈음엔
익힌 시의 내음을 맡으리라

—「겨울이 오는 즈음」 전문

  시인으로서 정체성을 지니는 일은, 시를 쓰는 일을 업으로 삼는 일차적인 의미뿐만 아니라 시가 시상을 획득하고 익히면서 온전한 작품으로서 영그는데 사력을 다하는 마음을 한결 같이 유지하는 것과도 상관한다. 사실 시인이 시와 함께 삶의 여정을 함께 하는 운명이라는 점은 어떤 면에서 괴로움과 고통을 수반한다. 따라서 시인에게 이 삶이 마냥 행복한 것만은 아니다. 실존적인 삶과 시간의 변화와 함께 그의 시가 영글고 야위어지고, 그래서 어느 순간 탄탄한 과육처럼 자신의 얼굴을 세계에 내밀게 될 때 비로소 시인의 자리가 마련된다. 그런데 한 편의 시가 나오기까지 숱한 사색과 경험적 인식이 풍상(風霜)에 맞선 곡식처럼 주제와 이미지로써 오롯해질 때가 있다. 류옥진의 경우에는 고독과 그리움의 정서가 그의 시편들을 이루는 주제로 곧잘 쓰인다. 그에게 시 쓰기가 "누구나의 그리움을 알알이 박고/ 숱한 외로움을 얼려 시를 만들면/ 나의 그것도 함께 얹혀 익어가"는 과정으로 바라볼 때 이번 시집의 빛깔은 좀 더 선명해진다. 계절이 지남에 따라 더욱 견고해지는 그리움과 고독에 동반하는 시를 창작함을 짐작할 수 있다. 자연의 윤리와 법칙이 인간의 문화에 미치는 영향도 무시할 수 없지만, 원래 시가 지향하는 존재의 조화와 질서에 대한 지향성이 어떤 형태로든 언어로 표현되기 마련이라는 점에서 이를 이해할 수 있게 된다.

>   시인은
>   낙엽 속에 핀 가을이
>   창가에서 흔들릴 때
>   색을 읽고
>   노란 시를 쓴다
>
>   시인은 희미한 상념에
>   무릎을 꿇고
>   참회하듯
>   눈물빛 시를 쓴다
>
>   시인은
>   태어나는
>   한 편의 시 앞에서
>   옷을
>   벗는다
>
>   ―「시인은」 전문

 시인이 시를 낳을 때까지 행해지는 일련의 과정이 생략과 압축된 언어로 제시된 작품이다. 흘러가는 계절의 표정과 함께 설레듯 찾아오는 창작심과 눈물과 참회의 심정에서 오롯이 피어나는 시를 보며 시인은 태초의 존재마냥 순수한 초심을 떠올린다. "시인은/ 태어나는/ 한 편의 시 앞에서/옷을/ 벗는다"고 했을 때 '옷'은 아무래도 지금까지 시를 쓰기까지 시상 주위를 맴돌며 시인을 혼란하게 했거나 짓눌렀던 상념의 찌꺼기에 가깝다. 시가 태어날 때 시인은 배면에 물러선다. 그리고 조용하고 밝은 심사로 자신의 감성과 상상력에서 배태한 언어의 형태를 응시하게 된다. 모든 시인들이 그렇겠지만 각고의 인내와 노력으로 빚은 작품에는 시인마저 의식하지 못하는 어떤 기운이 서려 있기 마련이다. 「시인은」은 작품을 잉태하는 시인의 창작에 대한 고투와 성찰적 정신이 어떠한가를 객관적인 시각에서 보려 하는 마음이 스며있다. 시인과 시, 이 뗄 수 없는 관계에서 시인은 마치 잉태를 한 동정녀처럼 순결한 의식을 앞두는 사람이다. 작품이 탄생해서 세상에 내놓는 과정이 결코 순산만은 아니듯, 작품 또한 시인의 의지나 의도와 상관없이 매정한 세계의 눈동자들에 발가벗기는 신세가 된다. 그렇지만 시는 여전히 시인의 품에서 나온 언어의 자식들이다. 제 언어의 결과인 시 앞에 옷을 벗는 행위에서 창작 때의 정돈되지 못한 마음의 이랑들을 말끔히 정리하여 순결한 태도를 잊지 않겠다는 초심을 거듭 확인하게 된다. 어쩌면 시 창작을 신성한 의식(儀式)과도 연결하는 시인의 무의식일 수도 있겠다.

  류옥진의 시편들에서 형상화한 대상들은 저마다 변화무쌍한 시간의 영향에서 자유롭지 못한 것들이지만, 그 속에서도 영원히 지속되는 어떤 꿈의 공간에 진입하기를 갈망한다. 영영 성취하지 못할 헛된 망상일망정 이를 갈구하고 동경하는 일은 인간의 보편적인 욕구 때문이기도 하지만, 무엇보다도 푸르른 생명을 간직한 세계와 대상이 내뿜는 지고지순의 향기를 시인이 맡고 싶어하기 때문이다. 모든 아름다운 것들은 향기롭다. 그 향기가 사람을 행복하게 만든다. 그리고 영원히 지지 않을 것처럼 향기를 내뿜는 것들이 품고 있는 보편적인 진리 세계를 언뜻 보게끔

한다. 이것은 오래 전부터 인간이 갈망해온 이상과 꿈이다. 그러나 현실 세계는 상대적이고 불완전하기에 시인조차도 이상과 현실의 어긋남에서 비롯하는 좌절을 어쩌지 못한다.

> 나이가 들어 서러운 게 아니라
> 나이 들면 뭘 해도 처량해 보이는 게 서럽다
>
> 꽃이 진다고 울 수만 없다
> 새잎이 나니까
>
> 새잎이 난다고 웃을 수만 없다
> 꽃이 지니까
>
> 꽃과 새잎은 다음해이면 연초록 봄인데
> 어이 나는 늙으만 가는가
> ─「서러움」 전문

「서러움」에서 화자가 서러워하는 것은 세월이 가져다주는 마음의 쇠락이다. 이 쇠락은 단지 늙음이나 나이가 들어서 몸이 시들해지는 것을 가리키지 않는다. 어쩌면 꽃이나 식물과는 달리 어느새 져도 다시 돋아날 수 없는, 육체적 한계에 대한 깨달음에서 비롯한 애달픔에 가까울 것이다. 시간이 지날수록 이런 한계성은 짙어만 간다. 따라서 이 시에서 시인이 시름하며, 서러워하고, 애통해마지 않는 까닭을 쉽게 짐작할 수 있다. 누구나 영생을 바라고 불면의 세계를 꿈꾼다. 설령 꽃잎처럼 금방 시들 운명일지라도 늘 거듭날 수 있는 본질적인 능력을

갖춘 존재가 인간이라면 더할 나위 없이 좋겠지만 이것은 단지 생각이나 상상을 통해서만 가능한 현실이다. "꽃과 새잎은 다음 해이면 연초록 봄인데/ 어이 나는 늙으만 가는가"라 읊었듯이, 변하는 속에서라도 또 다시 재생의 순환을 반복하는 자연에 대비해 인간의 일생이란 참으로 보잘 것 없다는 생각이다. '늙음'이라는 시간의 마디를 지나면 자아는 되돌아 올 길을 점칠 수 없는 심연의 한복판에 빠져버린다. 그 알 수 없는 세계가 점점 다가오기에, 그래서 더 이상 푸르른 나날들을 호출할 수 없기에 또한 시인은 서러워한다. 이를 다르게 표현하면 허무라 할 수 있다. 허무일 수밖에 없는 존재의 자리지만, 우리는 극심한 허무를 통해 삶의 깊은 의미를 궁구하게 된다. 허무에 빠져 허우적거리다가도 어느새 생명이 주는 고귀한 선물을 늘 손에 쥐고 있었다는 사실을 깨달으며 시간의 잔등 위에 끝나지 않는 여행을 나그네 되어 즐길 수 있는 것이다.

  사느라
  생강나무꽃이 피는지를
  진달래꽃 순번 기다리는지를
  산벚꽃 피고 지는지를 몰랐네

  사느라
  햇살 담긴 개울가
  노닐던 오리가 날아가는
  하늘 한번 쳐다보지 못했네

  사느라

새벽이 걸어오는 길 위에서
실크 안개 춤추는 것을
아니 오십 넘어 보았네

두런 두런
바위들과 정겨운 개여울
비친 제 모습에
외로움 모르는 소나무

풀섶 누이고
노랗게 고개 내민 봄
어둠을 깨우고
붉게 산정에 걸린 해

죽어버린 나무위에
귀하게 싹트는 연두
먼 산어귀를 따라
품어버린 연정

이제는 큰 눈 큰 가슴으로
사는 것 같이
살아봐야겠네

―「사느라」 전문

 삶이 고해의 바다를 정처없이 떠도는 나그네의 길이라는 생각과, 이와 함께 해답이 요원한 아포리아의 미로 같다는 느낌이 들면서도 우리는 삶이 던지는 의미를 무시하거나 지나쳐버리지는 않는다. 그런데 생활인으로서 우리 모두는 자칫 생명의 은사를 망각하기 일쑤다. 특히 도시인들이 그렇다. 각박하게 움직이는 사회 시스템에서 자신을 공동체의 뚜렷한 일원임을 증명하기 위해서라도 사회가 요구하는 유무형의 조건을 채우기 위해 시간을 허비하는 경우를 보게 된다. 어찌 보면 그런 모습이 자연스러울지도 모른다. 「사느라」의 화자가 깨달은 것은 물론 이와는 다른 맥락에서 검토할 필요가 있다. 여기에서는 존재와 생명의 의미를 찾는 과정이 좀 더 이미지화 되어 있다. 화자가 사느라 놓쳐버리고 보지 못한 것들은 사실 그 자체에 큰 의미나 중요성을 지니고 있지는 않다. 꽃이 피고 지거나(1연), 하늘이거나(2연), 새벽안개의 군무이거나(3연), 나무(4연) 등이다. 이들은 평소에 아무렇지도 않게 자명한 듯이 놓여있는 생명체요 자연의 현상이다. 화자가 "이제는 큰 눈 큰 가슴으로/ 사는 것 같이/ 살아 봐야겠다"라 다짐한 계기 속에는 무연히 제 생명의 기운을 힘차게 내뿜는 존재에 대한 새로운 발견이 들어 있을 것이다. 사는 일 또한 생명의 운동과 지속의 과정에 참여하는 적극적인 실천행위지만, 그보다는 자신을 포함하여 이 세계에 대한 전체적인 조망과 생의 기쁨이 가져다주는 쾌활한 생명의식의 깨달음이 더욱 의미가 있을 것이다. 이는 사소하면서도 소박한 것이지만 결국은 생명의 조건을 최대한으로 끌어올리는 경건하고도 축복받은 행위며 의지며 실천이다.

　이번 시집에서는 시인이 현실과 삶을 형상화하면서 만났을 수많은 사념들과 이미지들이 편린처럼 군데군데 흩어져 있음을 보게 된다. 시인의 사고와 마음에서 오랫동안 떨어지지 않고 붙어있는 소재들이다. 그 가운데 하나는 '바람'이다. 바람의 이미지는 곧잘 풍경이나 서정과 연결된다. 또한 허무나 소멸적인 소재들과 매개되어 왠지 모르게 스산하면서도 쓸쓸한 정감을 불러일으키기도 한다. 바람은 미지의 공간에서 시작되어 또한 미지의 영역으로 흘러가는 공기의 흐름이다. 바람이 불어오는 곳과 지나치는 곳을 상상하더라도 그것이 환기하는 것은 어떤 눈에 보이지 않는 신비한 영역으로 귀결되는 경우가 흔하다. 시인들이 오래 전부터 바람의 이미지를 활용하여 시를 창작한 이유도 여기에 있을 것이다. 이는 시적 영감과 창조와도 관련이 깊으며, 사념과 상상의 세계를 확장하는 일과도 무관하지 않다. 자유와 욕동의 발현도 바람이 불러일으키는 요소들이다. 이러한 여러 가지 심상과 의미들 가운데서도 류옥진의 바람이 환기하는 것 중에 엄염한 객체로서 시적 자아와 대등한 커뮤니케이션을 이루는 소재로 쓰인 다음의 시를 보자.

> 부끄러워 말하지 못하고
> 빙빙빙
>
> 내 머리카락 헝클이며
> 빙빙빙
> 내게 말을 건넨다,
> 알아듣지 못하는 언어로
>
> 멍한 공허만 짙어질 때
>
> 푸른 솔잎의 음성이
> 메마른 가지로 내게 전해준다

그리웠다는

잘 지냈느냐는

늘 잊지 않고 있다는

스쳐 지나가는
바람의 언어가 그렇게
내 속으로 들어온다

—「바람이」 전문

　위 시에서 바람은 시인에게 말을 건네는 주체이다. 시인이 바람의 언어를 호출한 정황 속에는 어떤 시적인 것의 탐색이 있었을 것이다. 가장 원시적이면서도 순수한 언어는 바람과 같은 말이지 않을까. 이 바람과 "푸른 솔잎의 음성이/ 메마른 가지로 내게 전해"주는 말은 "그리웠다는// 잘 지냈느냐는// 늘 잊지 않고 있다는"이다. 자연이 전하는 언어가 마치 오랜 친구처럼 속삭이면서 시인에게 전달될 때 아마 시인은 속 후련한 소통을 느꼈으리라. 이는 내밀한 커뮤니케이션이며 시심(詩心)이 생겨나는 순간이기도 하다. 맑은 서정이 샘솟아나는 지점이기도 하며 스스로 추슬러서 새로운 시의 언어를 긷는 때이기도 하다. '시적인 것'이 어느 특수한 정황과 감정 상태에서 발견된다는 식의 논리도 성립하겠지만, 시적인 것은 사후적인 것으로서 소재와 이미지와 언어가 구성된 다음 역추적할 수 있는 것일 수도 있다. 이럴 때 일상적인 것과 현실적인 것이 시적 영역으로 진입하는 모습을 상상할 수 있다. 「바람이」에서도 이런 상상이 가능하다. 바람이 시의 화자에게 말을 건네는 방식은 달리 말해서 화자가 바람에게 귀를 기울였다는 행동에서 비롯하고, 이는 또한 일상이 시화(詩化)의 세계로 바뀌는, 시인의 의지와 현실의 풍경이 섞여드는 일이기 때문이다.

    눈을 감아도 너는 내 눈 속에 있고
    가슴을 닫아도 너는 내 가슴에 있는 사람이어라

    지친 내 영혼의 유희는
    너를 향한 그리움으로
    긴긴밤을 헤매이다

    새벽녘이면
    어스름한 산기슭을 주저앉아
    짙어지는 네 영상에
    아스팔트 빛 빌딩 속으로 기어들어가는
    내 모습조차 승천하는 날개옷을 입는다

    보고지운 나의 사람아

    먼 전파음을 타고
    들려오는 너의 목소리에
    보고프다는 말조차 사치일 뿐인 사람아

    네가 있어 내 삶이 인생이 되고
    네가 있어 내 존재는 깊어지고

보고지운 내 사람아

네가 있어 나의 손은 늘 너를 향한 그리움을 쓴다

보고지운 나의 사람아 너는 어떠하니
—「보고 싶은 사람아」 전문

 류옥진의 시편들 중 그리움의 소재가 직접적인 화법으로 쓰인 시 가운데 위 시「보고 싶은 사람아」가 있다. 사랑하는 대상에게 직접 화자의 심정을 드러낸 시다. 류옥진의 시편들의 소재가 대개 익숙한 정경과 정서라는 사실은 시가 그만큼 일상의 감정에 밀착해 있다는 점에서 한편으로 장점으로 다가온다. 이런 측면에서 감정의 솔직한 표현이 자아내는 시 읽기의 유익함의 각도에서 위 시를 들여다보는 일은, 시인의 내면에 가득한 시심의 빛깔을 가늠할 수 있다는 점에서 오히려 그의 시의 지점을 헤아릴 수 있게 된다. 보고 싶어하는 대상과 시인의 거리는 가깝고도 멀다. 아득하게 떨어진 자리에 그 사람이 있다. "지친 내 영혼의 유희는/ 너를 향한 그리움으로/ 긴긴밤을 헤매"는 지난한 기다림과, "먼 전파음을 타고/ 들려오는 너의 목소리에/ 보고프다는 말조차 사치일 뿐인 사람"을 향한 절절한 사랑이 이 시의 주된 정조로 성립한다. 대낮의 일상과 밤의 고독이 중첩하는 새벽녘에서조차도 "짙어지는 네 영상"이 시인을 사로잡는다. 시인이 갈구하고 애타고 부르짖는 대상이 구체적이거나 현실적이라고 하더라도, 이 사랑의 언어가 도달하고자 하는 곳은 바로 생의 의미요 희열이 생겨나는 곳일 것이다. 낭만적인 감상과 정서가 충만한 곳이다. 그곳에서만이 시인은 삶의 의미를 발견한다. 그곳은 푸른 밤을 비추는 별빛이 만든 오솔길이며, 지치고 컴컴한 무의식 한복판에서 태양처럼 환하게 점멸하는 실재계이다. 시인이 찾는 세계는 그러한 사랑과 환희로 가득한 시공간이다. 류옥진의 시는 이를 지향하는데, 그 포즈에서 조심스럽고 설레는 마음의 떨림이 이번 시집에 드리워져 있음을 발견한다. 조용한 발걸음으로 깊고도 환한 시의 세계로 걸어 들어가는 모습을 지켜본다.

후기

"인생이 뭐 별개인가. 감사하고 미안하고 사랑하면서 살면 그만인 게지. 늦둥이로 태어나 일찍 부모를 여의었으나 언니들의 보살핌으로 지금의 자리에 까지 설수 있었다. 상옥, 순영 그리고 순남, 영숙 언니께 고맙다는 말로 감사를, 앞으로 달려오느라 나의 건강을 생각하지 못한 것에 대한 미안함, 결혼이후 줄곧 나를 위하고 오직 나만을 사랑해준 나의 반쪽 방경안님께 사랑을 전하면서 살고 있다. 그래서 나의 인생은 그야말로 멋진 인생이다"

어린 시절 글짓기를 좋아하였으나 문학을 공부할 엄두가 없어 생활전선에서 곁눈질로 배운 시로 부끄럽지만 시인의 이름을 가졌고 부산시와 부산문화재단의 도움으로 첫 시집을 발간하게 되었습니다.

처음이란 설레임이고 기대감이고 두려움입니다. 내게 시집을 처음으로 출판하는 것이 그렇습니다. 설레이고 기대되며 두렵습니다. 어느 날엔가는 이 설레임, 기대, 두려움이 그리울 때가 있겠지요. 지금 삶에 대해 덤덤한 것처럼 말이죠.

저의 첫 시집은 누군가와 함께 만들고 싶었습니다. 그래서 독자란을 만들었습니다. 자작시나 누군가에게 해주고 싶은 말을 적어 본인만의 색을 입혀보시라 여백을 두었습니다. 류옥진의 첫 시집 『흩날리는 씨앗으로』가 무지개처럼 다양한 빛깔로 세상에 나오기를 바랍니다. 감사합니다.

　*이 책은 낳아 주시고 길러주신 부모님의 영전과 조실부모한 나에게 또 다른 부모님이 되어 주시며 나를 자랑스러워해 주신 시부모님의 영전에 바친다.

흩날리는 씨앗으로

1판 1쇄·2019년 7월 31일

지은이·류옥진
펴낸이·서정원
펴낸곳·도서출판 전망
주　　소·부산광역시 중구 해관로 55(중앙동3가) 우편번호·48931
전　　화·051-466-2006
팩　　스·051-441-4445
출판 등록 제1992-000005호
ⓒ 류옥진 KOREA
값 10,000원

ISBN 978-89-7973-510-9
w441@chol.com

* 저자와의 협의에 의해 인지를 생략합니다.

이 도서의 국립중앙도서관 출판예정도서목록(CIP)은 서지정보유통지원시스템 홈페이지(http://seoji.nl.go.kr)와 국가자료종합목록 구축시스템(http://kolis-net.nl.go.kr)에서 이용하실 수 있습니다. (CIP제어번호 : CIP2019028862)

*본 도서는 2019년 부산광역시, 부산문화재단 지역문화예술특성화지원사업으로 지원을 받았습니다.